America Sanchez

PO 4289

£21·00

D1477677

Editorial Gustavo Gili, S.A.

08029 Barcelona   Rosselló, 87-89. Tel. 322 81 61
28006 Madrid   Alcántara, 21. Tel. 401 17 02
México, Naucalpan 53050   Valle de Bravo, 21. Tel. 560 60 11
Bogotá   Calle 58, N.º 19-12. Tels. 217 69 39 y 235 61 25

America Sanchez

Introducciones / *Introductions*
Rubén Fontana / Daniel Giralt-Miracle

Monografías de Diseño Contemporáneo
Monographs on Contemporary Design

Traducción/*Translation:*
Graham Thomson

© Editorial Gustavo Gili, S.A. Barcelona, 1993

Printed in Spain
ISBN: 84-252-1531-5
Depósito legal: B. 858-1993
Impresión: Grafos, S.A. Arte sobre papel

Índice

Contents

Prólogo de Rubén Fontana

El ambiente era tenso, en el análisis se enfrentaban los partidarios de Müller Brockmann con los de Franco Grignani.

Todo se discutía, a veces un detalle ponía de manifiesto las discrepancias que existían aun dentro de una misma tendencia. Aunque las enardecidas defensas de una y otra escuela ocultaban posturas personales –en el fondo, de eso se trataba–, es evidente que el acto resultaba movilizador y posibilitaba la reafirmación de lo que cada uno pensaba. Eran los primeros tanteos de una generación que, aun de forma intuitiva, se acercaba a la problemática del diseño. Es posible que la discusión se basara más en observaciones de carácter formal que conceptual, de todos modos, la reflexión –o, según los casos, encendida discusión– obligaba a asumir una postura personal.

La ausencia de una formación sistemática de diseño hacía que cada uno, según fueran los orígenes en los que había abrevado (cine, plástica, arquitectura, etc.) aportara no sólo su enardecida visión, sino también la necesaria cuota de confusión.

La escena se desarrollaba en Agens, una agencia de publicidad propiedad del entonces floreciente grupo industrial argentino Siam. Allí coincidimos por un tiempo con America Sanchez, Ronald Shakespear, Guillermo González Ruiz, Saul Óscar Rojas, Alberto Di Mauro, Juan Andralis y Alfredo Rey entre otros. Todos estos nombres tendrían luego relevancia en el ámbito del diseño en los años que siguen a este relato. Algunos continuaron su tarea en la Argentina, otros en distintos lugares del mundo.

Lo que más valoro de los trabajos de America Sanchez es su capacidad para encarar los problemas con diversidad de criterio. No me refiero sólo al hecho formal, es decir, a la diversidad estilística, sino a la aptitud para resolver cada caso buscando la solución pertinente, con amplitud, sin preconceptos. Es fácil que algo así pueda confundirse con falta de estilo, de personalidad; sin embargo, una atenta observación de la obra de America Sanchez nos delata fidelidad a su forma de representar las ideas.

Cuando me sorprende algo que hace un colega, intento una respuesta para saber si ante el mismo caso hubiera sido capaz de una solución semejante. En nuestro oficio, ser original no significa necesariamente producir un mensaje inédito. Por el contrario, se es original cuando, al aplicar un código de uso cotidiano, éste nos sorprende al ser utilizado en un contexto inesperado. Es allí donde la comunicación se manifiesta en toda su potencia.

La recreación de formas simples, habituales para el común de la gente, es lo que le ha permitido a America Sanchez producir comunicaciones de éxito: esta simplicidad para lo complejo denota sentido común. Sus diseños facilitan la comunicación, la cual aparece, a la vez, cotidiana y sorprendente. Es como si acometiera el «tema», con la imaginación al vuelo y los pies en la tierra.

Durante los últimos treinta años America Sanchez se ha manifestado a través de diferentes registros: la plástica, la fotografía, el fotomontaje y el diseño. Su búsqueda en todas estas disciplinas está signada por la misma inquietud, sin que por eso aparezca vulnerada la singularidad de cada práctica, aunque a veces, inteligentemente, recurra al lenguaje formal de una u otra para expresar mejor sus intenciones.

Sería abusivo considerar que un único motivo ofició como desencadenante del salto que, en 1965, llevó a America Sanchez desde la Argentina hacia el viejo continente; lo cierto es que en su momento resultó una actitud audaz para

todos aquellos que sentíamos a Europa como un lugar del cual se volvía. A pesar de esto, el transplante no parece haber sido traumático. Prueba de ello es su integración no sólo como profesional sino también personal al medio, o lo que es más importante, la aceptación que el medio hizo de él. En estos años ha expresado la cultura gráfica local sensiblemente, integrando la vida de Barcelona, participando como profesional del diseño, pedagogo o experimentador de la imagen.

Ha realizado exposiciones de su quehacer en España, de las cuales quedan como testimonios catálogos y publicaciones.

Un ejemplo de ello es la muestra que durante 1991 se realizó en el Palacio de la Virreina de Barcelona –auspiciada por el Ayuntamiento de la ciudad– y que quedó reflejada en el libro *America Sanchez: deu estratègies gràfiques* exposición y libro que resultan oportunos para la valoración de su trabajo gráfico.

Por lo demás, sus méritos como profesional quedan decisivamente reconocidos con el Premio Nacional de Diseño 1992, máxima distinción del diseño en España que, en su quinta edición, reconoce la trayectoria, coherencia y creatividad de America Sanchez, al otorgarle tal galardón «por la significativa carga conceptual y riqueza expresiva de su obra, en el ámbito de la comunicación visual».

Ante la observación a distancia y con la nostalgia que impone el caso, no puedo menos que celebrar la audaz «corazonada» de juventud que inició esta serie de hechos motivados por aquel inspirado viaje a España. Los trabajos que se reproducen en estas páginas recopilan, felizmente algunos de los aspectos antes señalados.

Hoy, treinta años después, los dos un poco más tolerantes, podemos –quizás en otro tono– replantearnos aquellas dudas primeras, las de siempre, las que descubren los pequeños secretos guardados.

Prologue by Rubén Fontana

The atmosphere was tense, the analysis bringing the supporters of Müller Brockmann into confrontation with those of Franco Grignani.
Everything was up for discussion, and from time to time some detail would bring to light the discrepancies that were to be found even within the same camp. Although the ardent defences put up by one school and the other concealed personal positions –ultimately, that was what it was all about– there can be no doubt that the debate stimulated and encouraged people in the affirmation of what they thought. These were the first faltering steps of a generation which, in a way that was still intuitive, was approaching the problematics of design. It is quite likely that the discussion was based on observations that were more formal than conceptual in character, but at all events such reflection –or, depending on circumstances, heated argument– made it necessary to adopt a personal stance.

The absence of any systematic training in design meant that all of those involved, depending on the origins in which they had been immersed (cinema, painting, architecture, etc.), brought to the debate not only their fervently held views, but also the corresponding quota of confusion. This scene unfolded in Agens, an advertising agency belonging to the then flourishing Argentinian industrial group Siam. Those of us who passed through there at that time included America Sanchez, Ronald Shakespear, Guillermo González Ruiz, Saul Óscar Rojas, Alberto Di Mauro, Juan Andralis and Alfredo Rey, amongst others. All of these were subsequently to become important names in the design field in the years following the events I have been describing, some of them carrying on their work in Argentina, others in different parts of the world.

What I value most in the work of America Sanchez is his capacity to consider problems on the basis of a variety of criteria. I am not talking simply about the formal aspect –that is to say, stylistic diversity– but the ability to resolve each case by seeking out the pertinent solution, in the fullest sense, without preconceptions. It is not hard for that kind of thing to be mistaken for a lack of style, of personality, and yet a careful examination of America Sanchez's work leaves us in no doubt as to his fidelity to his own way of representing his ideas. When I find myself surprised by something a colleague has done, I try to come up with a response to see if in the same situation I would have arrived at a similar solution. In our business, being original does not always consist in producing an unusual message; on the contrary, the original lies in making use of an everyday code, which surprises us when we find it employed in an unexpected context. That is where communication reveals itself in all its potency.
The recreating of simple forms, to which ordinary people are accustomed, is what has allowed America Sanchez to produce successful communication: such simplicity with the complex is indicative of common sense. His designs facilitate communication, so that they strike us as being at once everyday and surprising. It is as if he approached his "subject" with his imagination up in the clouds and his feet on solid ground.
Over the last thirty years America Sanchez has expressed himself in a number of different registers: painting, photography, photomontage and design. His endeavour in all of these disciplines is characterized by the same restlessness, without this undermining the uniqueness of each practice, each medium, even though at times, with great intelligence, he turns to the formal language of one or another in order to express his intentions more effectively.

It would be an impertinence to suggest that any one motive was responsible for the leap which, in 1965, took America Sanchez from Argentina to the old continent; what is beyond doubt is that at the time it was seen as an audacious move by those of us who thought of Europe as a place one came back from. In spite of this, the transplant seems not to have been at all traumatic. The proof of this is to be seen in his integration, not only professionally but personally, into his new environment; or more importantly, the readiness with which this environment accepted him. In the years since then he has given sensitive expression to the local graphic culture, forming part of the life of Barcelona, actively involved as a professional designer, teacher and experimenter with images. A series of catalogues and other publications bear witness to the numerous exhibitions of his work in Spain. One instance of the latter category is the book America Sanchez: deu estratègies gràfiques, published on the occasion of his 1991 exhibition in the Palau de la Virreina, which operates under the aegis of Barcelona City Council; an exhibition and a book of considerable interest in terms of an evaluation of Sanchez's graphic work. In the same way, his professional merits have received the decisive acclaim represented by the Premio Nacional de Diseño 1992, the highest award for design in Spain; in its fifth year, this prestigious award chose to recognize the coherence and creativity of America Sanchez's career, paying tribute to "the significant conceptual content and expressive richness of his work in the field of visual communication".

Given the nature of my perspective in time and space, and the nostalgia inspired by the circumstances, I can only celebrate the daring "impulsiveness" of youth which set in motion this whole series of events, motivated by that inspired voyage to Spain. The designs reproduced on the pages that follow serve very well to illustrate some of the characteristics indicated above.
Today, thirty years on, with both of us somewhat mellower and more tolerant, we can –in a different tenor, perhaps– return now to those first, and eternal, doubts; the ones that lay bare the little secrets we all keep.

8. Láminas Caspolino. Polaroid manipulado.   *Caspolino plates. Manipulated polaroid.*   OC EDICIONS. 1989

Ilustración. *Illustration.* BULEVARD ROSA. 1987

Prólogo de Daniel Giralt-Miracle

Juan Carlos Perez Sanchez llegó a Barcelona en el mejor momento, cuando la «dictablanda» del general –última etapa de la dictadura– coexistía con el tránsito de la autarquía al cosmopolitismo, con el paso de la publicidad al diseño y con los albores de la era de la comunicación y cuando los «grafistas» empezaban a intelectualizar su discurso al amparo de editores, filósofos y arquitectos, proceso que les convertiría en «diseñadores».

Probablemente, correspondiendo a la acogida que América Latina dio a los republicanos que se exiliaron en 1939, durante la década de los sesenta los argentinos fueron muy bien recibidos en España, eran considerados cultos y corteses y por lo general encontraban un lugar de trabajo relevante. Juan Carlos encontró en Barcelona una ciudad predispuesta, abierta al cambio y consciente de que su formalismo gráfico –aún tradicional– debía transmutarse en un diseño moderno, basado en las ideas y en la teoría, por lo que su presencia se convirtió en un revulsivo, un fertilizante. Lógicamente, los ámbitos más receptivos a sus propuestas fueron los culturales. Revistas de arquitectura, editoriales, galerías de arte, empresas de diseño y los departamentos culturales de entidades públicas o financieras fueron sus más fieles entusiastas y se convirtieron en sus primeros y principales clientes.

Junto al pequeño diseño, cubiertas de libros, marcas y logotipos, carteles, etc. Juan Carlos introdujo los «sistemas de diseño» dentro de la imagen corporativa de empresas e instituciones, es decir, desarrollar la complejidad de una «imagen» global, desde los conceptos más simbólicos a los más concretos, desde las ideas hasta los diseños, la forma y el color, generando lenguajes y metalenguajes con personalidad propia.

En el fondo propició una auténtica revolución cultural. Nuestra creación gráfica había perdido su identidad. Se hallaba entre los últimos exponentes del «noucentisme» mediterráneo, las agotadas fórmulas procedentes de los «arts et métiers» y las primeras influencias de la publicidad y el grafismo centroeuropeos de los años cincuenta y sesenta. En este momento irrumpieron con igual fuerza Yves Zimmermann, un suizo puro procedente de la escuela de Basilea, formado bajo las pautas de Emil Ruder, y Juan Carlos Perez Sanchez, que aportó la «chispa» americana, la gran revolución conceptual que se inició en América después del pop y que tuvo en Buenos Aires un foco privilegiado.

Juan Carlos procedía de un Buenos Aires radiante, de una capital que había vivido momentos de gran esplendor, fundiendo lo americano con lo europeo. Una ciudad que en lo estético se encontraba entre Milán y Londres, que tenía conciencia de su potencial cultural y que, en las décadas de los cincuenta y sesenta, generó el núcleo más importante de arte y teoría que se ha dado en este siglo en América Latina. Juan Carlos Distéfano, Lucio Fontana, Tomás Maldonado, Romero Brest, Julio Leparc, Ana Menuhin, la editorial Eudeba, el instituto Di Tella, constituían un auténtico epicentro de las artes nuevas que pronto viviría una gran diáspora internacional.

Recuerdo que la llegada de Juan Carlos fue muy comentada y celebrada en los ambientes profesionales. Paco Casamajó, en rigor y en vocación el mejor impresor de la época, le patrocinó entre sus clientes. Yves Zimmermann, la revelación helvética procedente de Nueva York, le invitó a colaborar en su estudio. La escuela Eina, que nació de una ruptura entre formalistas y críticos, lo incorporó a su claustro fundacional. A Juan Carlos le correspondió el honor de diseñar el logotipo de esta prestigiosa escuela, donde desarrollaría una pedagogía de la imagen abierta al arte, la cultura y la sociedad.

Su capacidad de jugar con las ideas, de provocar a los receptores con nuevos estímulos, llegó al *hiper-collage* al final de los años setenta con la transmutación de su propio nombre. Para abandonar un apellido que consideraba rutinario y común, y en homenaje a su madre y a su procedencia, Juan Carlos Perez Sanchez se transformó en America Sanchez.

Por este tiempo fue cuando America Sanchez empezó su vida profesional má fértil, interrogando constantemente su propio quehacer. No quería repetirse, n quería crear un estilismo, no quería sujetarse a la moda o a las corrientes imperantes, como tampoco lo quiere hacer ahora.

Cuando algo se pone fácil o puede caer en el tópico, cambia de tercio y busca l vía alternativa. Cuando las revistas sólo varían la diagramación, él diseña *L Mosca*, una publicación de crítica literaria que se transforma en un auténtic «zumbido» cultural. Cuando todos se entregan al Letraset, él recupera la cal grafía y los tipos dibujados, de rasgo libre. Cuando el cartelismo adquiere un perfección técnica ortodoxamente formal, él practica la heterodoxia de la idea la forma, el tamaño y los mensajes. Cuestiona los códigos, las fórmulas acepta das; las soluciones preexistentes (buenas y malas) y se instala en el territori de la búsqueda, la reflexión.

America Sanchez no se acerca al mundo de la construcción y el tratamiento d las imágenes desde una perspectiva de artista, publicitario o fotógrafo, puest que le interesa la cultura visual «in extenso». Con la misma libertad que Gom brich, Panofsky o Arheim se han acercado al mundo de las imágenes y al per samiento visual extrayéndoles todo su valor simbólico e imaginativo, Americ inventa aproximaciones, recursos, mestizajes fuera de las prácticas al uso explota las posibilidades lúdicas y perversas de las imágenes. El resultado n es un estilo gráfico o un manierismo repetible hasta la enésima reiteración, sin un método de acercamiento a la realidad, basado en la libertad y la imagina ción.

Esta es la filosofía de America Sanchez, quien junto a Norberto Chaves –s mejor exegeta– y en el momento de valorar su larga trayectoria, denomina su distintos campos de actuación como «estrategias», refiriéndose al arte de coo dinar ideas y fuerzas para conseguir unos objetivos que, en este caso, son i formar al espectador y requerir su colaboración intelectual para participar de u diálogo de intereses comunes.

Lo local y lo internacional se han encontrado en un hombre que une la simpat personal con el atractivo de su obra. America no es sólo un diseñador, un fot grafo o un artista, America es un *hiper-collage* de la cultura contemporánea qu lucha contra el estereotipo, y por esto tanto él como su trabajo han sido tan bie aceptados entre nosotros. America Sanchez ya forma parte de la entidad d nuestra propia ciudad. A él le confiamos el logotipo de la candidatura de l Juegos Olímpicos de Barcelona'1992 y con él ganamos la partida. En parte, proyección más universal de Barcelona, alcanzada hasta la fecha, la debem a su buen hacer, por el que se le ha concedido el máximo reconocimiento exis tente: el Premio Nacional de Diseño, en su edición de 1992.

Prologue by Daniel Giralt-Miracle

Juan Carlos Perez Sanchez arrived in Barcelona at just the right moment, when the "dictablanda" –the final, "soft" phase of the Generalisimo's dictatorship– was sharing the stage with the transition from autarchy to cosmopolitanism, with advertising moving in the direction of design, and the dawning of the new age of communication, and when "graphic artists" were beginning to intellectualize their discourse, with the encouragement of publishers, philosophers and architects, in a process that was to transform them into "designers".

There was probably an echo of the warm welcome Latin América gave to the republicans who went into exile there in 1939 in the cordiality with which the Argentinians were received in Spain in the sixties; they were regarded as cultured and courteous, and generally had no difficulty in finding the kind of work they were looking for. In Barcelona, Juan Carlos found a city that was ready and waiting, very much open to change, and conscious that its –still traditional– graphic formalism had to be transformed into a modern design that was based on ideas and theory, so that his presence proved to be a shock to the system, a stimulus. Predictably, the areas that were most receptive to his concepts were in the field of culture. Architectural reviews, publishers, design companies and the departments of culture of public bodies and financial institutions were his most loyal and enthusiastic supporters, and became his first and principal clients.

Alongside small-scale design such as book covers, trademarks and logotypes, posters and so on, Juan Carlos introduced "design systems" into the corporate image of companies and institutions; in other words, the development of a global "image" that extended from the most symbolic concepts to the most concrete, from the ideas to the designs, the form and the colour, generating languages and metalanguages with a character of their own.

Essentially, what he did was to spark off a genuine cultural revolution. Our graphic design had lost its identity. It was constituted at that moment by the last exponents of Mediterranean "noucentisme", the exhausted formulas derived from the "arts and crafts" movement, and the first impact of the central European advertising and graphic design of the fifties and sixties. This was the situation when Yves Zimmermann, a pure-bred Swiss from the Basle school, trained and very much moulded by Emil Ruder, and Juan Carlos Perez Sanchez, who supplied the American "spark" –that great conceptual revolution that swept America in the wake of pop, and had one of its centres of greatest influence in Buenos Aires– irrupted onto the scene.

Juan Carlos came from a radiant Buenos Aires, from a capital that enjoyed moments of great splendour, in which the European and the American were fused together. A city that lay, aesthetically, between Milan and London, that was aware of its cultural potential and, during the fifties and sixties, produced the most important core group of artists and theorists to emerge in Latin América. Juan Carlos Distéfano, Lucio Fontana, Tomás Maldonado, Romero Brest, Julio Leparc, Ana Menuhin, the Eudeba publishing house, the Instituto Di Tella; these formed what amounted to a real epicentre of all that was new in art and was soon to be diffused in a great international diaspora.

I remember that Juan Carlos' arrival was much remarked on and approved of in professional circles. Paco Casamajó, who for seriousness and dedication was the best printer of the time, actively promoted him amongst his clients. Yves Zimmermann, the revelation from Switzerland by way of New York, invited him to come and work in his studio. The Eina school, which was the outcome of a split between formalists and critics, brought him onto the team of staff with

which it inaugurated its first course. Juan Carlos was given the honour of designing the logotype for this prestigious school, in which he was to evolve a style of teaching that was open to the fine arts, culture and society.

His capacity for playing with ideas, for provoking his audience with new stimuli, brought him to hypercollage at the end of the seventies, with the transmuting of his own name. Prompted by the desire to drop a surname which he considered common and unappealing, and as an act of homage to his mother and his origins, Juan Carlos Perez Sanchez transformed himself into America Sanchez.

It was from this time that America started on the most fertile phase in his professional life, marked by a ceaseless interrogation of what he was doing. He was determined not to repeat himself, not to associate himself with a given style, not to subordinate himself to any of the dominant fashions or trends; and he has maintained this determination to the present day.

As soon as he finds things getting easy, or tending to become cliched, he changes his approach and looks for an alternative way forward. At a time when magazines differed in nothing more essential than the layout, he was designing "La Mosca" –"The Fly"–, a literary critical review that was soon causing a genuine cultural "buzz". While the others were all still stuck on their Letraset, he rediscovered calligraphy and freehand drawn typefaces. When poster design attained a technical perfection that made it formally orthodox, he was practising heterodoxy of idea, form, size and message. He has always challenged codes, accepted formulas, predetermined solutions (good and bad), and moved deeper into the domain of the explorative and the reflective.

America Sanchez does not approach the construction and manipulation of images from the poin of view of an artist, an advertising man or a photographer, given that what interests him is visual culture "in extenso". With the same freedom with which Gombrich, Panofsky or Arnheim have been capable of extracting from the world of visual images and ideas a wealth of symbolic and imaginative values, America invents approaches, resources, crossovers that go far beyond all the usual practices and exploits the perverse, ludic possibilities inherent in images. The result is neither a graphic style nor a manner that can be repeated time after time, but a method of getting closer to reality that is based on freedom and imagination.

This is the philosophy of America Sanchez; and when, together with Norberto Chaves –his most gifted exegete– he sets about evaluating his long career, he describes the various different fields in which he operates as "strategies", referring thus to the art of coordinating ideas and forces in order to attain objectives which, in the present case, consist in informing the audience and demanding that they collaborate intellectually.

The local and the international meet in a man who combines personal charm and grace with a body of work that is highly attractive. America is not simply a designer, a photographer or an artist; America is a hypercollage of contemporary culture in its struggle against the stereotypical, and that is the reason why both he and his work have been so well received by us here. America already forms a part of the make-up of our city. He was the person to whom we entrusted the design of the logotype for Barcelona's candidature for the 1992 Olympic Games, and it was with him that we won. In some measure, the greatest ever projection of the city of Barcelona beyond its own boundaries has been achieved thanks to him and his good work, and for this he has been accorded the highest recognition at our disposal: the Premio Nacional de Diseño, presented at the 1992 award ceremony.

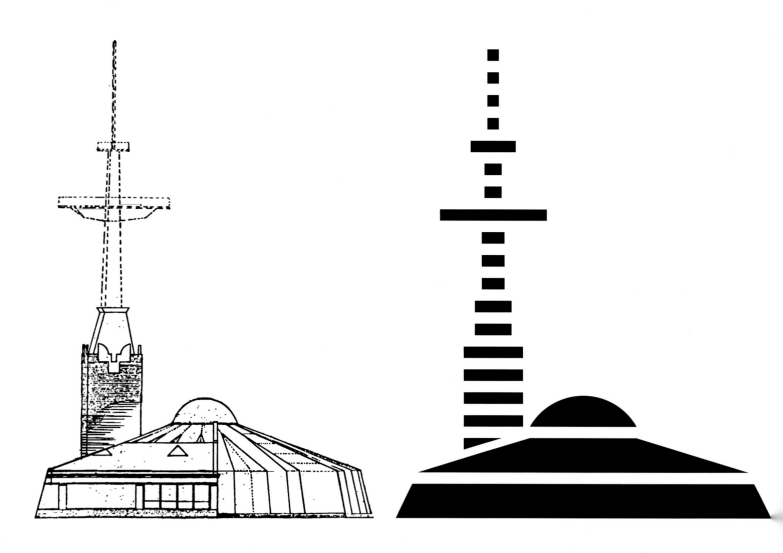

12.13. Diseño del símbolo a partir de un plano arquitectónico. *Design of the symbol on the basis of an architectural plan.* PARC TECNOLÒGIC DEL VALLÈS 1988

Parc
Tecnològic
del Vallès

Centre
d'Empreses
de Noves
Tecnologies

Institut de
Tecnologia

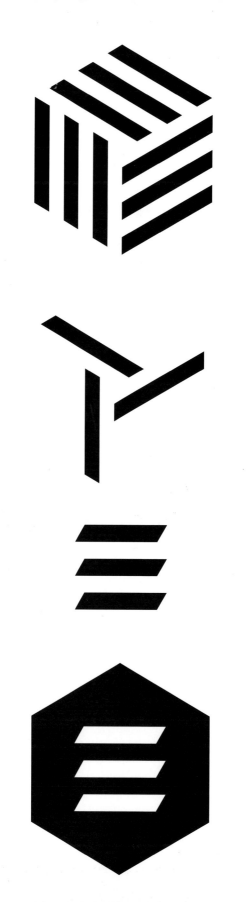

4.15. Evolución gráfica del símbolo y cartel para una escuela de diseño.   *Graphic evolution of the symbol and poster for a design school.*   ESCOLA EINA. 1967-1987

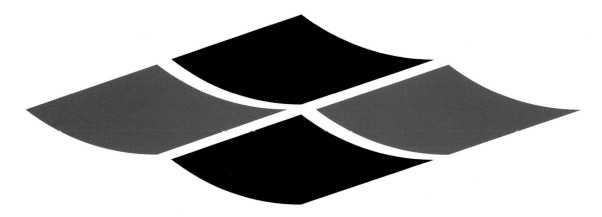

Sarriópapel

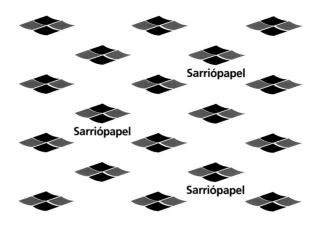

16. Diseño de símbolo-logotipo para empresa papelera.   *Design of a symbol-logotype for a paper manufacturer.*   SARRIÓPAPEL Y CELULOSA. 1993

17. Evolución de símbolo-logotipo para empresa papelera.   *Evolution of a symbol-logotype for a paper manufacturer.*   TORRAS PAPEL, 1984

TORRAS PAPEL

LEO ZELLER. 1933

ALEXANDER CIRICI. 1952

AMERICA SANCHEZ. 1974

AMERICA SANCHEZ. 1992

18. Evolución cronológica del rediseño del logotipo
para una empresa de pavimentos y revestimientos.

*Chronological evolution of the redesign of the logotype
for a paving and wall claddings company.*

ESCOFET 1886 S.A.

Museu

Firma y logotipo. Rediseño. *Signature and logotype. Redesign.* AJUNTAMENT DE BARCELONA, 1976

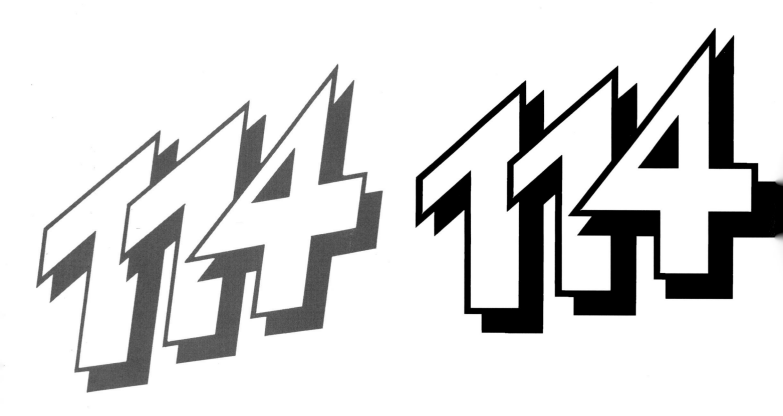

20. Logotipo y rediseño para una empresa de mobiliario.   *Logotype and redesign for a furniture manufacturer.*   MOBLES 114. 1973, 1990

21. Ilustración de portada para un suplemento de prensa.   *Front cover illustration for a newspaper supplement.*   EL PAÍS. 1992

22.23. Logotipo para la candidatura de Barcelona a los JJ.OO. *y story-board* para animación.

Logotype for the Barcelona candidature for the Olympic Games and story-board for an animated cartoon.

OFICINA OLÍMPICA. 1984

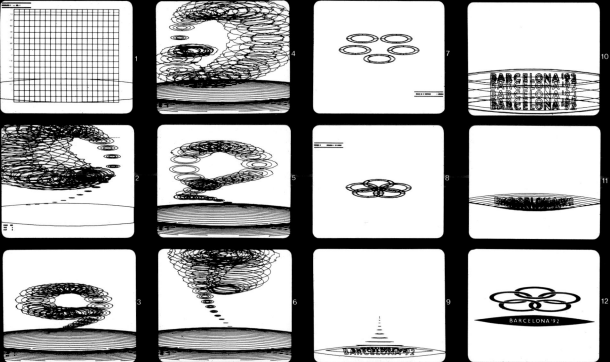

24. Logotipo y embalaje para empresa papelera.   *Logotype and packaging for a paper manufacturer.*   CdA. 1992

5. Símbolo-logotipo e identificación de oficinas.　　*Symbol-logotype and office identification*　　BANCO CRÉDITO ARGENTINO. 1991

26. Identificación para la flota de taxis. Rediseño.   *Identification for a fleet of taxis. Redesign.*   CORPORACIÓ METROPOLITANA DE BARCELONA. 1986

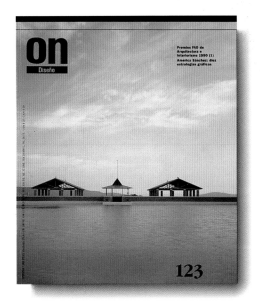

7. Cabecera de una revista de diseño.　*Headpiece for a design magazine.*　ON. 1984

Furest

28. Logotipo y etiqueta bordada para tienda de ropa masculina.   *Logotype and embroidered label for a men's clothing retailers.*   FUREST. 1982

America Sanchez

America Sanchez : deu estratègies gràfiques
diez estratégias gráficas / ten graphics strategies

Ajuntament de Barcelona

29. Portada y contraportada de un catálogo de exposición.   *Front and back cover for an exhibition catalogue.*   AJUNTAMENT DE BARCELONA. 1991

30.31. Símbolo y aplicaciones en papelería para galería de arte. *Symbol and applications on stationery for an art gallery.* FERNANDO ALCOLEA. 1986

FERNANDO ALCOLEA
Galeria d'Art

Pl. Sant Gregori Taumaturg 7
08021 Barcelona
(93) 209 27 79

FERNANDO ALCOLEA
Director

FERNANDO ALCOLEA
Galeria d'Art

Pl. Sant Gregori Taumaturg 7
08021 Barcelona
(93) 209 27 79

VICTORIA KRAUSS

FERNANDO ALCOLEA
Galeria d'Art

Pl. Sant Gregori Taumaturg 7
08021 Barcelona
(93) 209 27 79

Autor

Título

Medida

Referencia N.º

FERNANDO ALCOLEA
Galeria d'Art

Pl. Sant Gregori Taumaturg 7
08021 Barcelona
(93) 209 27 79

WALASSE TING
18 Febrero - 18 Marzo

FERNANDO ALCOLEA
Galeria d'Art

Pl. Sant Gregori Taumaturg 7
08021 Barcelona
(93) 209 27 79

HOSPITAL CLÍNIC I PROVINCIAL DE BARCELONA

1789.

1789.
Carta

1789.
Restaurante

1789.
1789 Restaurante.   Alella.
Avda.Glmo.1 Tel 24 74 0 24

1789.
1789 Restaurante.   Alella.
Avda.Glmo.1 Tel 24 74 0 24
Jorge Suris   Director.

1789.
1789 Restaurante.   Alella.
Autopista Mataró.Salida 5.
(Alella-Masnou) 100 mts a
la derecha. Tel 42 74 0 24

VINÇON

34. Logotipo para una tienda de objetos y muebles. *Logotype for a furniture and accessories shop* VINÇON. 1972

eurolink

eurolink (reflected)

"(eürolink)"

Logotipos para una empresa de traducción y corrección.   *Logotypes for a translation and text-correction agency.*   EUROLINK. 1990

MEC
MEC

ALENAR

MARIA
DEL MAR
BONET

36.37. Logotipos realizados en tipografía mixta (tipos madera, caligrafía...)   *Logotypes using mixed typographies (woodcut, calligraphy...)*

MEC-MEC. 1978   ARIOLA. 1976   LA CASA. 1976   BOLERO. 1978   EL PATI. 1978   MEDIOTONO. 1976

La casa.

BOLERO

EL PATI

MEDIOTONO

38.39. Símbolos ilustrados para una editorial
y una agente de diseño.

*Illustrated symbols for a publishing house
and a design agent.*

EDITORIAL PIGMALIÓN. 1985   PAZ MARRODÁN. 1984

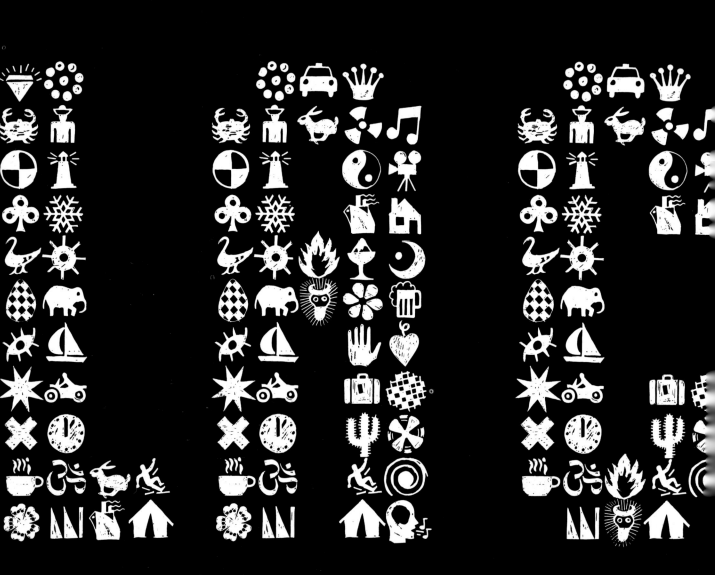

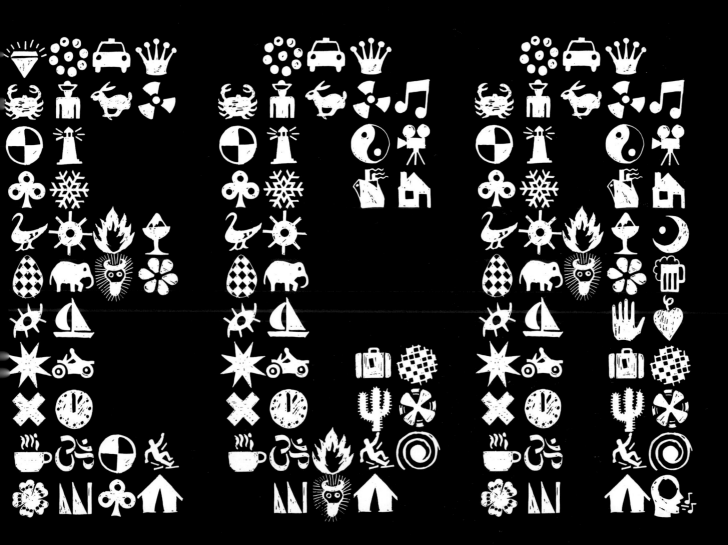

◄ Logotipo ilustrado con pictogramas para un bar musical.   *Logotype illustrated with pictograms for a music bar.*   LA CECA 1979

42.43. Símbolos ilustrados para una librería-café
y una conmemoración de una escuela de arte y diseño.

*Illustrated symbols for a bookshop-café
and in commemoration of an art and design school.*

LAIE, 1989   ESCOLA EINA, 1992

44. Logotipo para una galería de arte.   *Logotype for an art gallery.*   HELENA RAMOS. 1988

5. Símbolo para una guardería.   *Symbol for a kindergarten.*   LA CASETA VALLVIDRERA. 1982

46.47. Logotipos-símbolos para un diseñador de moda y para un congreso.   *Logotypes-symbols for a fashion designer and for a congress.*

ROBERTO VERINO S.A. 1990   XIX CONGRESO DE LA UNIÓN INTERNACIONAL DE ARQUITECTOS. 1992

UIA Barcelona 1996

48. Logotipo heráldico para un bar musical.   *Heraldic logotype for a music bar*   KGB. 1986

9. Símbolo para un casal de gays y lesbianas.   *Symbol for a gay and lesbian centre.*   CASAL LAMBDA. 1987

50. Símbolo-logotipo para un bar musical.   *Symbol-logotype for a music bar.*   BOHÍO. 1988

Símbolo-logotipo para salón de moda textil para el hogar. *Symbol-logotype for a home fashion show.* IFEMA. 1992

52. Símbolo para programa de transfusión sanguínea.   *Symbol for a blood transfusion programme.*   GENERALITAT DE CATALUNYA. 1983

arcuadro

3. Símbolo-logotipo para salón del marco y la moldura.   *Symbol-logotype for a painting and complements show.*   IFEMA. 1992

crema
Belladermis

54. Logotipo-símbolo para producto de perfumería. *Logotype-symbol for a perfumery product.* MYRURGIA. 1979

55. Símbolo para una federación de sociedades anónimas.   *Symbol for a manufacturers' federation*   FESALC. 1975

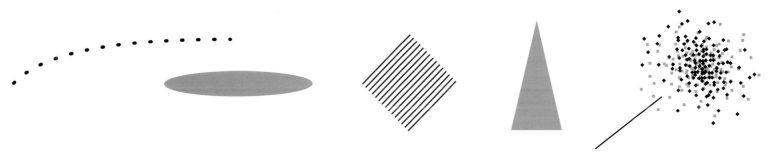

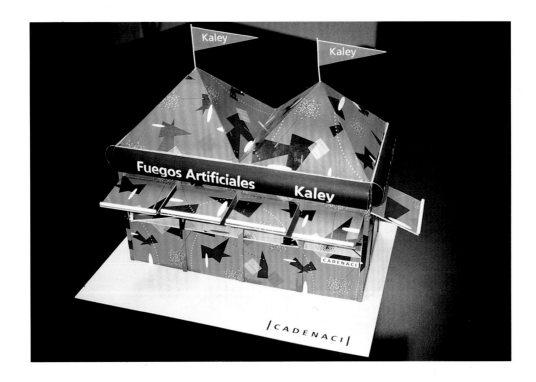

6.57. Sistema gráfico (logotipo y elementos) para empresa de fuegos artificiales.   *Graphic system (logotype and elements) for a fireworks manufacturer.*   CALDENACI. 1992

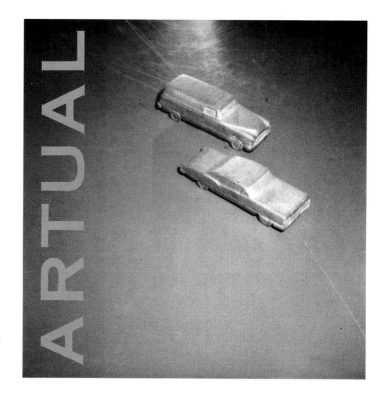

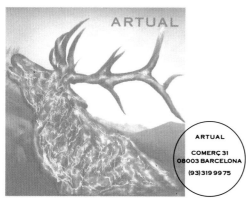

ARTUAL
COMERÇ 31
08003 BARCELONA
(93) 319 99 75

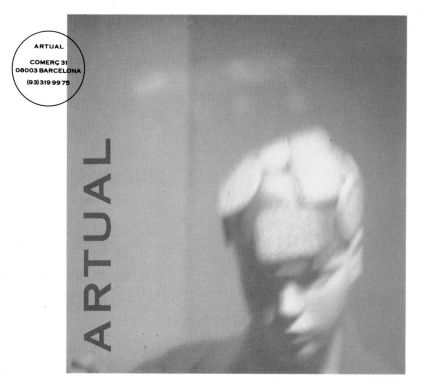

ARTUAL
COMERÇ 31
08003 BARCELONA
(93) 319 99 75

ARTUAL
COMERÇ 31
08003 BARCELONA
(93) 319 99 75

ARTUAL
COMERÇ 31
08003 BARCELONA
(93) 319 99 75

Jardí Botànic
Barcelona

Jardí Botànic
Barcelona

Jardí Botànic de Barcelona
Av. Montanyans s/n. Montjuïc
08023 Barcelona. Espanya
Tel. (93) 245 26 44
Fax (93) 246 26 45

58.59. Sistemas gráficos para una galería de arte y un jardín botánico. *Graphic systems for an art gallery and a botanical garden.*

GALERÍA ARTUAL. 1989   JARDI BOTÀNIC DE BARCELONA. 1992

MARIA DEL MAR BONET

60.61. Cartel promocional y proceso de trabajo.   *Promotional poster and working process.*   ARIOLA. 1976

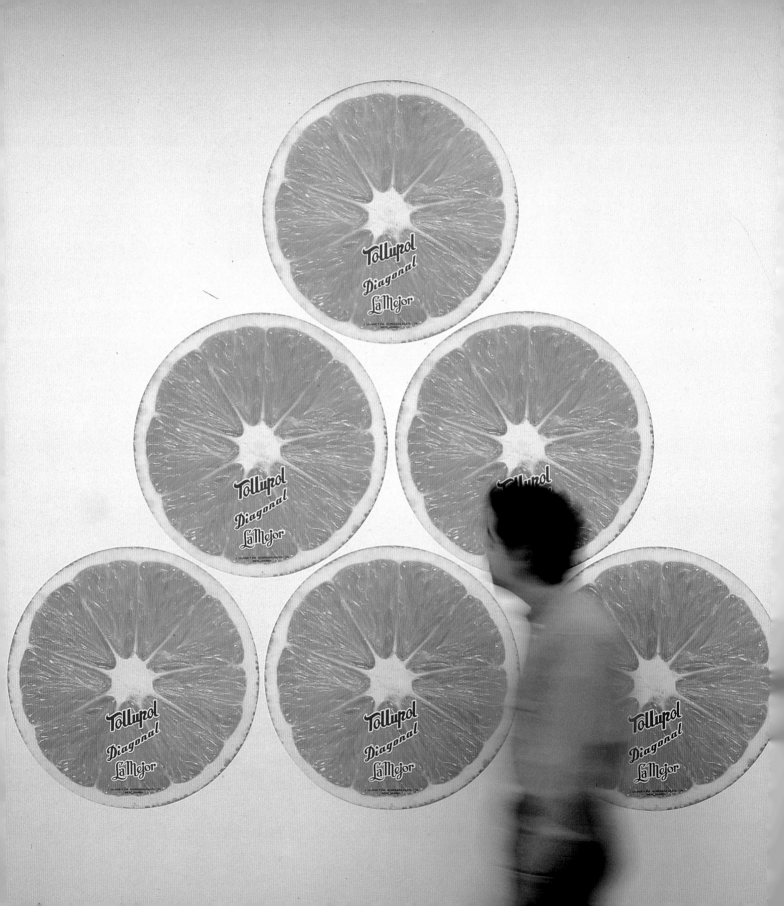

2. Cartel promocional de una empresa de frutas.   *Promotional poster for a fruit wholesaler.*   JOAQUIM LLUSAR Y CIA. S.A. 1991

3. Cartel de inauguración para una tienda de objetos y muebles.   *Poster for the opening of a furniture and accessories shop.*   LA CASA. 1976

1ᴬ BIENNAL D'ART

FC BARCELONA

PALAU DE PEDRALBES   NOV-DES 1985

64. Cartel para una bienal de arte.   *Poster for an art biennial.*   FÚTBOL CLUB BARCELONA. 1985

Premis Ciutat de Barcelona

Literatura en llengua catalana   Audio-visuals   *Agustí Duran Sanpere*   Ciència
Literatura en llengua castellana   Arts Plàstiques   Història de Barcelona   Tècnica
Mitjans de Comunicació   Música   Arquitectura i Urbanisme   Internacional

Informació: 301 77 75

Ajuntament de Barcelona

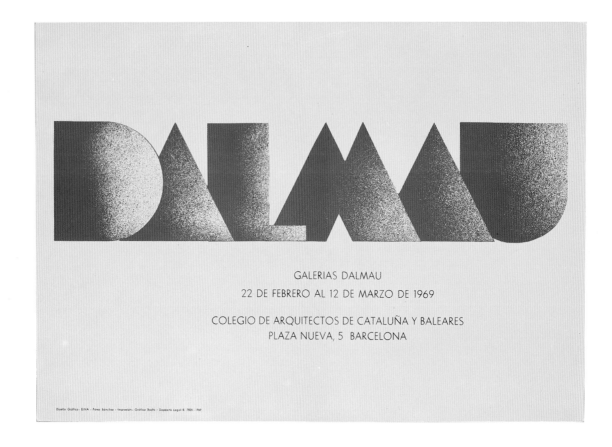

GALERIAS DALMAU
22 DE FEBRERO AL 12 DE MARZO DE 1969

COLEGIO DE ARQUITECTOS DE CATALUÑA Y BALEARES
PLAZA NUEVA, 5 BARCELONA

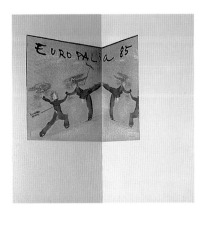

27 FEB - 23 MAR 1986

TERRASSA JAZZ 5è FESTIVAL

AMERICA SANCHEZ

68.69. Cartel para un festival de Jazz, *Posters for a jazz festival,*
cartel cinematográfico y cartel olímpico. *a film distributor and the Olympic Games.* AMICS DE LES ARTS. 1986   LAUREN FILMS. 1986   OFICINA OLÍMPICA. 1991

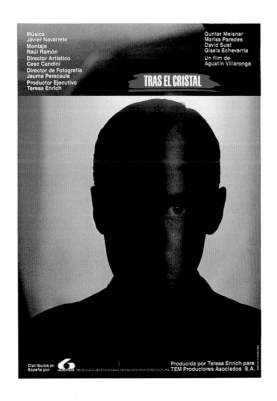

Primavera fotogràfica
25 Abril - 30 Maig 1988

Generalitat de Catalunya
Departament de Cultura

70. Cartel.   *Poster.*   GENERALITAT DE CATALUNYA. 1988

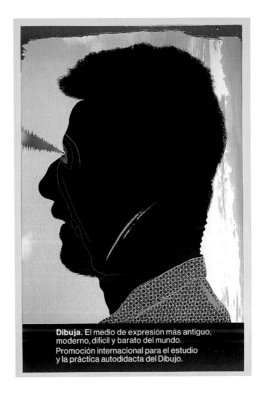

Dibuja. El medio de expresión más antiguo, moderno, difícil y barato del mundo.
Promoción internacional para el estudio y la práctica autodidacta del Dibujo.

71. Carteles. *Posters.* OSO FILMS. 1986 PEREZ SANCHEZ. 1979 PEREZ SANCHEZ. 1991 KGB. 1985

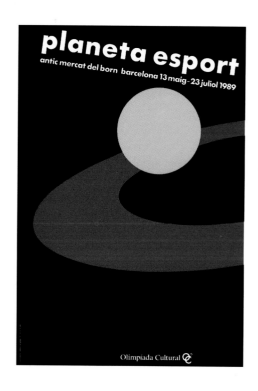
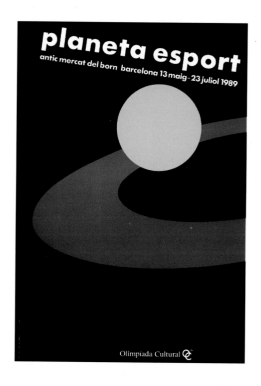
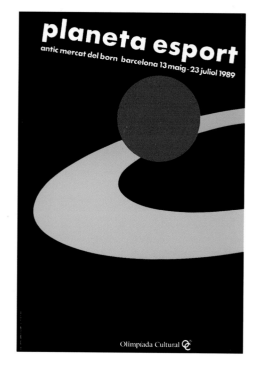
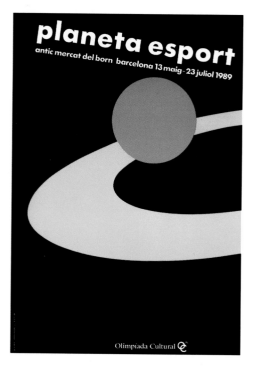

72. Serie de carteles para exposición.   *Series of exhibition posters.*   OLIMPIADA CULTURAL. 1989

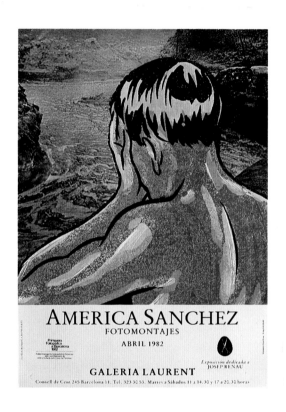

3. Carteles para exposiciones de America Sanchez.   *Poster for exhibitions by America Sanchez.*   GALERÍA LAURENT, 1982   TEKNOCROM, FONT+DIESTRE, TORRAS PAPEL. 1987

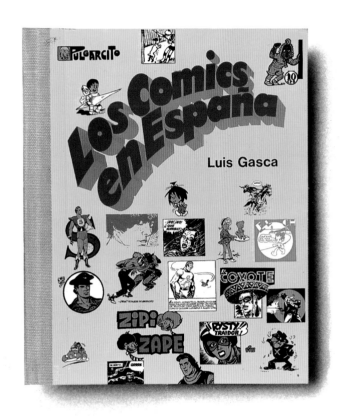

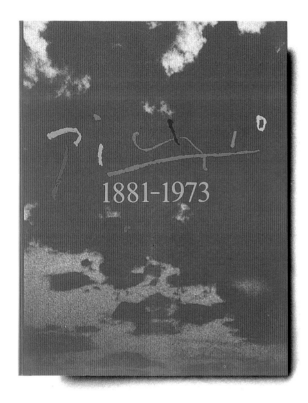

74.75. Portadas de publicaciones y catálogos.   *Covers for books and catalogues.*

EDITORIAL LUMEN. 1969   AJUNTAMENT DE BARCELONA. 1981   PIGMALIÓN. 1987   GENERALITAT DE CATALUNYA. 1984

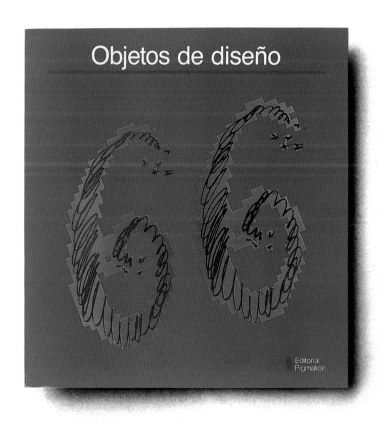

Objetos de diseño

Editorial
Pigmalión

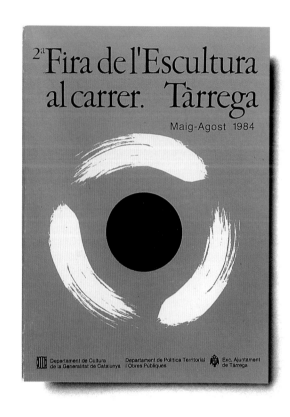

²ᵃFira de l'Escultura
al carrer. Tàrrega
Maig-Agost 1984

Departament de Cultura
de la Generalitat de Catalunya

Departament de Política Territorial
i Obres Públiques

Exc. Ajuntament
de Tàrrega

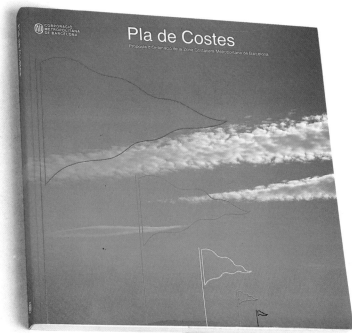

76. Portadas de publicaciones técnicas.   *Covers for technical publications.*   CORPORACIÓ METROPOLITANA DE BARCELONA. 1984

PROGRAMACION VISUAL

77. Catálogos autopromocionales y publicación. *Promotional catalogues and publication.* PEREZ SANCHEZ. 1980 CORPORACIÓ METROPOLITANA DE BARCELONA. 1987

El comercio de prestigio
de Andalucía

El comercio de prestigio
de Andalucía

78.79. Portada y contraportada de publicaciones.   *Front and back covers for publications.*   EUROP ART. 1991   AJUNTAMENT DE BARCELONA. 1992

musa museu

musa museu

musa museu

LUNWERG
EDITORES S.A.   Ajuntament de Barcelona

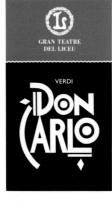

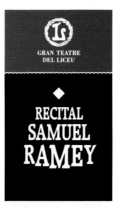

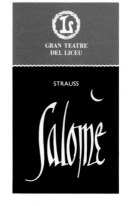

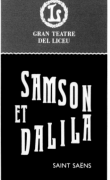

80.81. Líneas de portadas. *Series of covers.* GRAN TEATRE DEL LICEU. 1988 CORPORACIÓ METROPOLITANA DE BARCELONA. 1986

Premis
Àrea Metropolitana
de Barcelona
1986

Premios
Area Metropolitana
de Barcelona
1986

Prix
Zone Metropolitaine
de Barcelona
1986

Prizes
Metropolitan area
of Barcelona
1986

9 1989

35				1	2	3
36	4	5	6	7	8	9	10
37	11	12	13	14	15	16	17
38	18	19	20	21	22	23	24
39	25	26	27	28	29	30

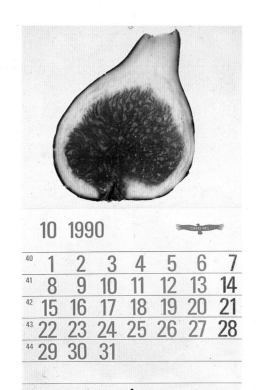

10 1990

40	1	2	3	4	5	6	7
41	8	9	10	11	12	13	14
42	15	16	17	18	19	20	21
43	22	23	24	25	26	27	28
44	29	30	31				

2 1991

5					1	2	3
6	4	5	6	7	8	9	10
7	11	12	13	14	15	16	17
8	18	19	20	21	22	23	24
9	25	26	27	28			

82.83. Serie de calendarios mensuales, calendario planning y calendario mensual para pared y mesa.

Series of monthly calendars, planning calendar and monthy wall and desk calendar.

TORRAS PAPEL. 1989, 1990, 1991   PETER PAN. 1980

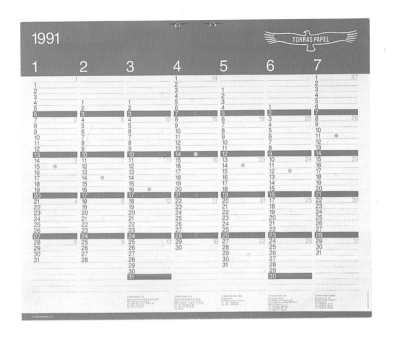

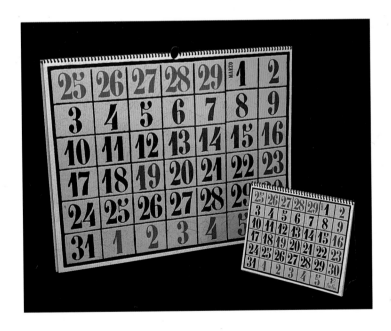

84.85. Portadas de disco.   *Record covers.*   ARIOLA. 1975   ARIOLA. 1976   EDIGSA. 1975   PHILIPS. 1963

86. Embalaje para una empresa de distribución de consumibles para oficina.　*Packaging for an office supplies distribution company.*　OFITRÓNIC S.A. 1987

87. Embalaje para línea de perfumería.　　*Packaging for a line of perfume.*　　MYRURGIA/BLANC PUBLICIDAD. 1979

88.89. Aplicaciones en fachadas de logotipo y símbolo. *Applications of logotype and symbol on facades.* LAS ÍNDIAS. 1974 CENTRE CULTURAL LAUREDIÀ. 1992

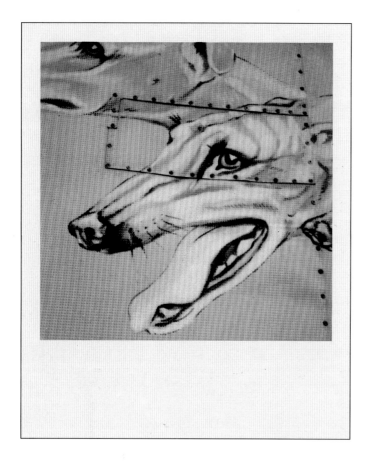

America Sanchez scp
Aribau 245 E3 08021 Barcelona
Tel 201 88 67 Fax 414 08 65

90.91. Tarjeta de empresa y etiqueta de envío.   *Company card and mailing label.*   AMERICA SANCHEZ SCP. 1991

America Sanchez scp
Aribau 245 E3 08021 Barcelona
Tel 201 88 67 Fax 414 08 65

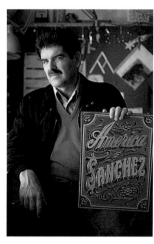

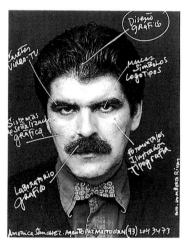

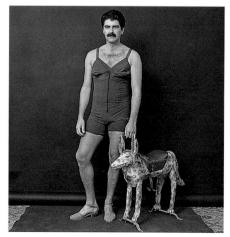

Biografía

Buenos Aires, 1939. Diseñador gráfico, fotógrafo y pedagogo de la imagen.

De formación autodidacta, su aprendizaje estuvo marcado por la llamada *escuela suiza* a través del libro *El diseñador gráfico y sus problemas de diseño* de Josef Müller Brockmann, por la asistencia a un curso impartido por el profesor Héctor Cartier, por la experiencia profesional adquirida en el Estudio Agens junto con otros diseñadores gráficos que son actualmente los profesionales de mayor renombre en Buenos Aires, y por su actividad pedagógica en la Escola Eina desde su fundación en 1967.

En 1965 llega a Barcelona donde trabaja como freelance. Un año después establece su propio estudio de diseño, especializándose en identificación corporativa para empresas e instituciones y en identificación gráfica para exposiciones y eventos especiales.

Combina su actividad de diseñador gráfico con una intensa labor de investigación y experimentación de otros campos de la imagen; fotografía, fotomontaje y vídeo.

Participa en diversas exposiciones de diseño nacionales e internacionales y en publicaciones especializadas.

Es asesor gráfico permanente de diversas empresas e instituciones, miembro de ADP Asociación de Diseñadores Profesionales y de la Associació Catalana de Vexilologia.

Galardonado con el Premio Nacional de Diseño 1992.

Biography

Buenos Aires, 1939. Graphic designer, photographer and visual image tutor.

Self-taught, his apprenticeship was influenced by the so-called Swiss school as a result of reading the book The graphic designer and his design problems, *by Josef Müller Brockmann, by attending a course taught by Hector Cartier, by the professional experience gained in the Agens studio working alonside other graphic designers who are now the leading figures in design in Buenos Aires, and thanks to his teaching activities at the Escola Eina since its foundation in 1967.*

In 1965 he came to Barcelona, where he started as a freelance designer. The following year he opened his own design studio, specializing in corporate identification for companies and institutions and graphic identification for exhibitions and special events.

He combines his work as a graphic designer with intensive research and experimentation in other fields of the visual image: photography, photomontage and video.

He is a regular contributor to various design exhibitions and specialist design publications in Spain and abroad.

He is permanent graphic consultant to a number of companies and institutions, and a member of ADP, the Asociación de Diseñadores Profesionales, and of the Associació Catalana de Vexilologia.

Awarded the Premio Nacional de Diseño, 1992.

Bibliografía/*Bibliography*

Enric Satué-Ferran Cartes: «Encuesta a los profesionales del diseño». *CAU Construcción Arquitectura Urbanismo*. Barcelona, IX/1971

Katzumie Masaru: «Graphic eye in Spain. Pérez Sánchez». *Graphic Design,* n.º 51. Tokyo, IX/1973

Ángel Montoto: *Novum.* München, III/1973

J.C. Pérez Sánchez: «Museo Picasso. Barcelona». *Novum.* München, XI/1976

L.O.C.: «La aventura gráfica de Juan Carlos Pérez Sánchez». *Hogares Modernos,* n.º 105. Barcelona, X/1979

L.O.C.: «Mediotono». *Hogares Modernos.* Barcelona, 1980

Shaba Csuday: «Principle and practice». *Inter Press Grafic,* n.º 4. Budapest, II/1980

Albert Ràfols-Casamada: «Identificación gráfica del Museo Picasso». *Documentos del Ciac.* Barcelona, XI/1981

Lola Díaz–Manuel Pijoan: «America Sanchez». *Diagonal.* Barcelona, VII/1981

Anónimo/*Unsigned*: «America Sanchez. Marcas». *El Correo Catalán.* Barcelona, V/1982

Takenobu Igarashi: *World Trademarks and Logotypes.* Tokyo, 1984

Katzumie Masaru: *Graphic Design,* n.º 94. Tokyo, VI/1984

Norberto Chaves: «Marcas». *De Diseño,* n.º 1. Barcelona, 1984

Yves Zimmermann: *Calendario Cromoherma 1984.* Barcelona, I/1984

Max Kisman–Pau Groenendijk: El estilo Mediterráneo. *Vinil.* Amsterdam, VI/1985

José Martí Gómez: «America Sanchez, creador de los aros y el palillo». *La Vanguardia.* Barcelona, 1986

Nuria Escur: «*La firma olímpica*». *El Món,* n.º 248. Barcelona, III/1986

Enric Satué: «Historia y actualidad del diseño gráfico en Barcelona». *Barcelona Metrópolis Mediterrània.* Barcelona, XI, 1986-III/1987

Takenobu Igarashi: *World Trademarks and Logotypes,* n.º 11. Tokyo, 1987

Elena Posa: «La euforia del diseño». *Vivir en Barcelona,* n.º 21. Barcelona, III/1987

Pilar Pastor: «Creadores de marcas». *Hombres Dunia,* n.º 5. Madrid, 1987

Ángel Antonio Herrera-Victoria Martos: «Design disseny diseño». *Hombres de Hoy,* n.º 12. Madrid, IV/1987

Anónimo/*Unsigned:* «El creador de les anelles olímpiques». *El Món,* n.º 259. Barcelona, IV/1987

Norberto Chaves–Oriol Pibernat:
La marca, identidad de producto e identidad de empresa. *Publicación del ICEX (Instituto de Comercio Exterior).* Madrid, 1987

Quim Regàs: «America Sanchez, creador de los aros y el "palillo"». *El Periódico.* Barcelona, 1987

Ana Basualdo: «America Sanchez; las dos manos en la ciudad». *La Vanguardia.* Barcelona, VI/1987

Anónimo/*Unsigned:* «Nueva imagen gráfica y una exposición en el Palau Robert». *La Vanguardia.* Barcelona, IX, 1987

Editorial/*Editorial:* «Otra propuesta de logotipo olímpico». *On Diseño,* n.º 91. Barcelona, 1988

Xunta de Galicia: *Diseño-Design.* La Coruña, I/1988

Mònica Caparrós–Daniel Capella: «Diseño olímpico». *Ardi,* n.º 3. Barcelona, V/1988

Enric Satué: El diseño gráfico. Desde los orígenes hasta nuestros días. *Alianza Editorial.* Barcelona, 1988

Montse Zapata: «America Sanchez». *Diari de Barcelona.* Barcelona, IV/1988

IMPI: Diseño e imagen corporativa en las instituciones públicas. «America Sanchez. Proyectos recientes. Diseño y rediseño». Madrid, VI/1989

Marta Rodríguez Bosch: «Calendarios de America Sanchez». *Cronos Magazine,* n.º 2. Barcelona, I/1990

Enric Folch: «El disseny gràfic espanyol en una mostra a Londres». *Diari de Barcelona.* Barcelona, III/1990

Brigitte Morin: 100 createurs d'aujourd'hui. America Sanchez. *Bat.* Paris, 1990

Esperanza Rabat: Els somnis de la raó. *Plural Design. ADP.* Barcelona, 1990

Sebastià Duatis: «America Sanchez, los primeros pasos hacia una sistematización». *ADGráfica,* n.º 2. Barcelona, X/1990

Oriol Pibernat: «La marca. Identidad de producto e identidad de empresa» *tipoGráfica,* n.º 12. Buenos Aires, 1990

Norberto Chaves–Nelly Schnaith: «Diez estrategias gráficas». *tipoGráfica,* n.º 14. Buenos Aires, 1991

Varios/*Various:* America Sanchez: deu estratègies gràfiques. *Ajuntament de Barcelona.* Barcelona, 1991

Empresas e instituciones/*Companies and institutions*

Agradecimientos/*Acknowledgments*

Entre las personas que colaboraron directa
o indirectamente en proyectos y artes finales
merecen mención especial y mi agradecimiento:

*Amongst the people who directly or indirectly
contributed to different projects and artworks,
the following deserve a special mention and my
gratitude:*

Norberto Chaves
Escola Eina
Escola d'Arts i Tècnica de la Moda
Mario Eskenazi
Paz Marrodán
Myrta Martorell
Carlos A. Panichelli
Alberto Potenza
Humberto Rivas
Keith Adams
Eva Anguera
Aldo Ariza
Rafael Azuaga
Rosa Company
Pepa Estrada
Salvador Ferran
Alex Ferrer
Elías García
Margarida Gibert
Albert Planas
Lorene Lee
Norberto Calabró
Francesc Robert
Ricardo Rousselot
Antoni Sellés
Mario Vilar
Carme Vives

y a Joana Pérez Martorell,
que ha ordenado y compaginado
el material gráfico de este libro

*and Joana Pérez Martorell,
who compiled the graphic
material for this book.*

Mural «Copito de Nieve». *«Copito de Nieve» mural.* PEREZ SANCHEZ. 1976 ▶